Impressum
Verlag: BABADADA GmbH, Nedderfeld 112 , 22529 Hamburg
Geschäftsführer / Verlagsleitung: Harald Hof
Druck: Books on Demand GmbH, In de Tarpen 42, 22848 Norderstedt

Imprint
Publisher: BABADADA GmbH, Nedderfeld 112 , 22529 Hamburg, Germany
Managing Director / Publishing direction: Harald Hof
Print: Books on Demand GmbH, In de Tarpen 42, 22848 Norderstedt, Germany

bilik darjah
教室

bahagi
除

186/2

laman/taman sekolah
校园

papan
黑板

guru
老师

kertas
纸

tulis
书写

pen
钢笔

meja
办公桌

pembaris
直尺

buku
书

murid
学生

beg galas

书包

kotak pensel

铅笔盒

pensel

铅笔

pengasah pensel

卷笔刀

pemadam

橡皮擦

kertas lukisan

画板

melukis
图画

berus lukis
画笔

kotak warna
颜料盒

gunting
剪刀

gam
胶水

buku latihan
练习册

kerja rumah
家庭作业

12

nombor
数字

2+2

tambah
加

5-2

tolak
减

2×2

darab
乘

kira
计算

A

huruf
字母

ABCDEFG
HIJKLMN
OPQRSTU
VWXYZ

abjad
字母表

hello

kata
字

teks

课文

baca

读

kapur

粉笔

pelajaran

上课

daftar

登记

peperiksaan

考试

sijil

证书

uniform sekolah

校服

pendidikan

教育

ensiklopedia

百科全书

universiti

大学

mikroskop

显微镜

peta

地图

bakul sampah

废纸篓

hotel
酒店

asrama
青年旅社

ROOMS

pejabat tukaran mata wang
外币兑换处

EXCHANGE

beg pakaian
手提箱

kereta
汽车

bahasa

语言

ya / tidak

是/否

okey

好的

helo

您好

penterjemah

翻译员

Terima kasih

谢谢

berapa banyak...?

……多少钱？

saya tidak faham

我不明白

masalah

问题

Selamat petang!

晚上好！

Selamat Pagi!

早上好！

Selamat Malam!

晚安！

selamat tinggal

再见

arah

方向

bagasi

行李

beg

包

beg galas

双肩包

tetamu

客人

bilik tidur

房间

beg tidur

睡袋

khemah

帐篷

maklumat pelancong

旅游信息

pantai

海滩

kad kredit

信用卡

sarapan

早餐

makan tengah hari

午餐

makan malam

晚餐

tiket

票

lif

电梯

setem

邮票

sempadan

边界

kastam

海关

kedutaan

大使馆

visa

签证

pasport

护照

kapal terbang
飞机

kapal
船

kereta bomba
消防车

bas
公交车

trak
卡车

motobot
汽艇

kereta
汽车

basikal
自行车

feri

摆渡船

bot

小船

motosikal

摩托车

kereta polis

警车

kereta lumba

赛车

kereta sewa

租车

berkongsi kereta

拼车

trak tunda

拖车

trak menolak

垃圾车

motor

发动机

bahan api

汽油

stesen minyak

加油站

tanda trafik

交通标志

trafik

交通

kesesakan lalu lintas

交通堵塞

tempat parkir

停车场

stesen kereta api

火车站

trek

轨道

kereta api

火车

trem

电车

gerabak

货车

helikopter

直升机

lapangan terbang

机场

Menara

塔

penumpang

乘客

bekas

集装箱

kadbod

纸板箱

kart

手推车

bakul

篮子

berlepas / mendarat

起飞/降落

bandar

城市

kampung

村庄

pusat bandar

市中心

rumah

房子

pawagam
电影院

iklan
广告

lampu jalan
路灯

jalan
街道

teksi
出租车

kedai makanan ringan
小吃店

pejalan kaki
行人

turapan
人行道

lintasan
十字路口

lintasan zebra
斑马线

tong sampah
垃圾箱

lampu isyarat
红绿灯

CINEMA

pondok

小屋

flat

公寓

stesen kereta api

火车站

dewan bandar

市政厅

muzium

博物馆

sekolah

学校

universiti

大学

bank

银行

hospital

医院

hotel

酒店

farmasi

药房

pejabat

办公室

kedai buku

书店

kedai

商店

kedai bunga

花店

pasar raya

超市

pasaran

市场

gedung

百货商店

penjual ikan

鱼店

pusat membeli-belah

购物中心

pelabuhan

海港

taman

公园

bangku

长凳

jambatan

桥

tangga

楼梯

bawah tanah

地铁

terowong

隧道

hentian bas

公交车站

bar

酒吧

restoran

餐馆

peti surat

邮筒

papan tanda jalan

路标

meter parkir

停车计时器

zoo

动物园

kolam renang

游泳馆

masjid

清真寺

ladang

农场

pencemaran

污染

tanah perkuburan

墓地

gereja

教堂

taman permainan

操场

kuil

寺庙

landskap

地形

daun
树叶

tiang tanda
指示牌

jalan
路

padang rumput
草地

batu
石头

pokok
树

pejalan kaki
徒步旅行者

sungai
河

rumput
草

bunga
花

lembah

峡谷

bukit

山

tasik

湖

hutan

森林

padang pasir

沙漠

gunung berapi

火山

istana

城堡

pelangi

彩虹

cendawan

蘑菇

pokok kelapa sawit

棕榈树

nyamuk

蚊子

terbang

苍蝇

semut

蚂蚁

lebah

蜜蜂

labah-labah

蜘蛛

kumbang

甲虫

katak

青蛙

tupai

松鼠

landak

刺猬

arnab

野兔

burung hantu

猫头鹰

burung

鸟

angsa

天鹅

babi jantan

野猪

rusa

鹿

moose

麋鹿

empangan

水坝

turbin angin

风力发电机

panel solar

太阳能电池板

iklim

气候

pelayan
服务员

menu
菜单

kerusi
椅子

sup
汤

piza
披萨饼

kutleri
餐具

alas meja
桌布

pemula

前菜

hidangan utama

主菜

pencuci mulut

甜点

minuman

饮料

makanan

食物

botol

瓶子

makanan segera

快餐

makanan jalanan

街边小吃

teko

茶壶

mangkuk gula

糖盒

bahagian

一份饭菜

mesin espreso

意式咖啡机

kerusi tinggi

高脚椅

bil

账单

dulang

托盘

pisau

刀

garfu

餐叉

sudu

勺子

sudu teh

茶匙

serviette

餐巾

gelas

玻璃杯

pinggan

碟子

mangkuk sup

汤盘

piring

碟子

sos

酱

tempat garam

盐瓶

pengisar lada

胡椒磨

cuka

醋

minyak

食用油

rempah

调味料

sos

番茄酱

mustard

芥末

mayones

蛋黄酱

tawaran istimewa
特价

pelanggan
顾客

tenusu
乳制品

buah-buahan
水果

troli
购物车

tukang daging

肉铺

kedai roti

面包房

berat

称重

sayur-sayuran

蔬菜

daging

肉

makanan sejuk beku

冷冻食品

daging sejuk

冷盘

makanan dalam tin

罐头食品

serbuk pencuci

洗衣粉

gula-gula

甜食

produk isi rumah

日用品

produk pembersihan

清洁用品

orang jualan

销售员

daftar tunai

收银机

juruwang

收银员

senarai membeli-belah

购物清单

waktu pembukaan

开放时间

beg duil

钱包

kad kredit

信用卡

beg

袋子

beg plastik

塑料袋

air

水

jus

果汁

susu

牛奶

kola

可乐

wain

红酒

bir

啤酒

alkohol

酒

koko

可可

the

茶

kopi

咖啡

espreso

意式浓缩咖啡

kapucino

卡布奇诺

pisang

香蕉

epal

苹果

oren

橙子

tembikai

西瓜

lemon

柠檬

lobak merah

胡萝卜

bawang putih

大蒜

buluh

竹子

bawang

洋葱

cendawan

蘑菇

kacang

坚果

mi

面条

spageti

意大利面条

nasi

米饭

salad

沙拉

kerepek

薯条

kentang goreng

炸土豆

piza

披萨饼

hamburger

汉堡包

sandwic

三明治

kutlet

炸猪排

ham

火腿

salami

萨拉米

sosej

香肠

ayam

鸡肉

panggang

烤肉

ikan

鱼

bubur oat

燕麦片

muesli

穆兹利

emping jagung

玉米片

tepung

面粉

kroisan

羊角面包

roti roll

面包卷

roti

面包

roti bakar

烤面包

biskut

饼干

mentega

黄油

dadih

凝乳

kek

蛋糕

telur

蛋

telur goreng

煎蛋

keju

奶酪

makanan - 食物

ais krim

冰激淩

gula

糖

madu

蜂蜜

jem

果酱

krim nougat

巧克力酱

kari

咖喱饭

rumah ladang
农舍

bangsal
粮仓

bandela jerami
稻草捆

bidang
田野

kuda
马

treler
拖车

anak kuda
马驹

traktor
拖拉机

keldai
驴

kambing
羔羊

biri-biri
羊

kambing

山羊

lembu

奶牛

anak lembu

牛犊

babi

猪

anak babi

小猪

lembu

公牛

angsa

鹅

itik

鸭

anak ayam

小鸡

ayam betina

母鸡

ayam jantan muda

公鸡

tikus

鼠

kucing

猫

tikus

老鼠

lembu jantan

牛

anjing

狗

rumah anjing

狗屋

hos taman

花园浇水软管

bekas siraman

洒水壶

sabit

长柄大镰刀

bajak

犁

sabit

镰刀

cangkul

锄头

serampang peladang

长柄草耙

kapak

斧头

kereta sorong

独轮手推车

palung

饲料槽

tin susu

牛奶罐

karung

麻布袋

pagar

栅栏

stabil

马厩

rumah hijau

温室

tanah

土壤

benih

种子

baja

肥料

jentuai

联合收割机

tuai

收割

menuai

收割

keladi

山药

gandum

小麦

soya

大豆

kentang

土豆

jagung

玉米

biji sawi

油菜籽

pokok buah-buahan

果树

ubi kayu

树薯

bijirin

谷物

cerobong
烟囱

atap
屋顶

penurun
落水管

tetingkap
窗户

garaj
车库

loceng pintu
门铃

pintu
门

tong sampah
垃圾桶

peti surat
信箱

taman
花园

ruang tamu
客厅

bilik air
浴室

dapur
厨房

bilik tidur
卧室

bilik kanak-kanak
儿童房

ruang makan
餐厅

lantai

地板

dinding

墙壁

siling

吊顶

bilik bawah tanah

地窖

sauna

桑拿

balkoni

阳台

teres

露台

kolam renang

游泳池

pemotong rumput

割草机

lembaran

被单

penutup tilam

床罩

katil

床

penyapu

扫帚

timba

水桶

suis

开关

kertas dinding
壁纸

gambar
照片

lampu
台灯

rak
搁架

kabinet
橱柜

pendiangan
壁炉

televisyen
电视机

bunga
花

kusyen
垫子

sofa
沙发

pasu
花瓶

alat kawalan jauh
遥控器

permaidani

地毯

tirai

窗帘

meja

餐桌

kerusi

椅子

kerusi malas

摇椅

kerusi

扶手椅

buku

书

selimut

毯子

hiasan

装饰品

kayu api

木柴

filem

电影

hi-fi

高保真音响

kunci

钥匙

akhbar

报纸

lukisan

油画

poster

海报

radio

收音机

buku catatan

笔记本

penyedut habuk

吸尘器

kaktus

仙人掌

lilin

蜡烛

peti sejuk
冰箱

ketuhar gelombang mikro
微波炉

penimbang dapur
厨房秤

pembakar roti
烤面包机

bahan pencuci
洗洁精

oven
烤箱

penyejuk beku
冰柜

tong sampah
垃圾桶

pembasuh pinggan mangkuk
洗碗机

periuk dapur

炊具

periuk

锅

periuk besi

铸铁锅

kuali

炒锅

pan

平底锅

cerek

水壶

pengukus

蒸锅

dulang pembakar

烤盘

pinggan mangkuk

陶瓷锅

koleh

马克杯

mangkuk

碗

penyepit

筷子

senduk

长柄勺

spatula

铲子

pengadun

搅拌器

penapis

滤网

ayak

筛子

pemarut

磨碎机

mortar

研钵

barbeku

烧烤

pembakaran terbuka

明火

papan pencincang

菜板

pin golekan

擀面杖

skru gabus

开瓶器

tin

罐子

pembuka tin

开罐器

pemegang periuk

隔热手套

sinki

水槽

berus

刷子

span

海绵

pengisar

搅拌机

penyejuk beku

冷藏箱

botol bayi

奶瓶

paip

水龙头

pemanasan
供暖设备

mandi
淋浴

tuala
毛巾

tirai mandi
浴帘

mandi buih
泡沫浴

tab mandi
浴缸

gelas
玻璃杯

mesin basuh
洗衣机

paip
水龙头

jubin
瓷砖

tandas
便壶

sinki
水槽

tandas

厕所

tandas mencangkung

蹲便器

mangkuk tandas

坐浴器

tandas awam

小便池

kertas tandas

厕纸

berus tandas

马桶刷

berus gigi

牙刷

ubat gigi

牙膏

flos gigi

牙线

cuci

洗

mandian tangan

手持式喷淋头

pancuran

冲洗器

besen

洗脸盆

belakang berus

擦背刷

sabun

肥皂

gel mandian

沐浴露

syampu

洗发水

flanel

法兰绒

longkang

排水

krim

乳霜

deodoran

除臭剂

cermin

镜子

cermin tangan

手镜

pisau cukur

剃须刀

busa cukur

剃须泡沫

selepas cukur

须后水

sikat

梳子

berus

刷子

pengering rambut

吹风机

semburan rambut

喷发定型剂

mekap

化妆品

gincu

唇膏

varnis kuku

指甲油

bulu kapas

化妆棉

gunting kuku

指甲剪

pewangi

香水

beg basuhan
洗漱包

bangku
凳子

skala berat
计重秤

jubah mandi
浴袍

sarung tangan getah
橡胶手套

kapas
卫生棉条

tuala wanita
卫生巾

tandas kimia
化学厕所

jam loceng
闹钟

mainan kegemaran
毛绒玩具

kereta mainan
玩具车

kerincing bayi
拨浪鼓

rumah anak patung
玩具屋

hadiah
礼物

belon

气球

katil

床

kereta sorong bayi

（洋娃娃用）婴儿车

set kad

扑克牌

susun suai gambar

拼图

komik

漫画

batu bata lego

乐高积木

blok mainan

积木玩具

figura aksi

玩具人

baju bayi

婴儿服

frisbee

飞盘

mainan bayi mudah alih

床铃玩具

permainan papan

棋盘游戏

dadu

骰子

set model kereta api

火车模型

palsu

安抚奶嘴

parti

聚会

buku bergambar

绘本

bola

球

anak patung

洋娃娃

main

玩

lubang pasir

沙坑

buai

秋千

mainan

玩具

konsol permainan video

游戏机

basikal roda tiga

三轮车

anak patung beruang

泰迪熊

almari pakaian

衣柜

pakaian

衣服

stoking

袜子

stoking

长袜

ketat

紧身裤

skarf
围巾

payung
雨伞

kemeja-t
T恤

g/keselamatan

but
靴子

selipar
拖鞋

kasut sukan
运动鞋

sandal

凉鞋

kasut

鞋

but getah

雨靴

seluar dalam

内裤

coli

胸罩

ves

背心

badan

身体

Seluar panjang

裤子

jean

牛仔裤

skirt

短裙

blaus

女式衬衫

kemeja

衬衫

baju panas sarung

套头衫

sweater

卫衣

blazer

西装夹克

jaket

夹克

kot

外套

baju hujan

雨衣

kostum

套装

pakaian

连衣裙

baju pengantin

婚纱

sut
西装

baju tidur
睡袍

baju tidur
睡衣

sari
莎丽

skarf kepala
头巾

serban
包头巾

burqa
波卡

kaftan
卡夫坦

abaya/jubah
(阿拉伯式)长袍长袍

baju renang
泳衣

seluar renang
男式泳裤

seluar pendek
短裤

sut balapan
运动服

apron
围裙

sarung tangan
手套

butang

纽扣

cermin mata

眼镜

gelang tangan

手链

rantai leher

项链

cincin

戒指

subang

耳环

topi

便帽

penyangkut kot

衣架

topi

帽子

tali leher

领带

zip

拉链

topi keledar

头盔

pendakap

背带

uniform sekolah

校服

seragam

制服

lapik dada

围兜

palsu

安抚奶嘴

lampin

尿不湿

pejabat
办公室

pelayan
服务器

kabinet fail
文件柜

mesin pencetak
打印机

monitor
显示屏

kertas
纸

meja
办公桌

tetikus
鼠标

folder
文件夹

papan kekunci
键盘

bakul sampah
废纸筐

kerusi
椅子

komputer
电脑

cawan kopi

咖啡杯

kalkulator

计算器

internet

因特网

komputer riba

笔记本电脑

surat

信件

mesej

消息

mudah alih

手机

rangkaian

网络

mesin fotokopi

复印机

perisian

软件

telefon

电话

soket plag

插座

mesin faks

传真机

bentuk

表格

dokumen

文件

beli

买

bayar

付钱

berdagang

交易

wang

现金

dolar

美元

euro

欧元

yen

日元

rubel

卢布

franc swiss

瑞士法郎

renminbi yuan

人民币

rupee

卢比

mata tunai

提款处

pejabat tukaran mata wang

外币兑换处

emas

金

perak

银

minyak

石油

tenaga

能源

harga

价格

kontrak

合同

cukai

税金

stok

股票

kerja

工作

pekerja

职员

majikan

老板

kilang

工厂

kedai

商店

pegawai polis
警官

ahli bomba
消防员

tukang masak
厨师

doktor
医生

juruterbang
飞行员

tukang kebun

园丁

tukang kayu

木匠

tukang jahit

裁缝

hakim

法官

ahli kimia

化学家

pelakon

演员

pemandu bas

公交车司机

pemandu teksi

出租车司机

nelayan

渔夫

wanita pencuci

清洁女工

kasau

屋顶工

pelayan

服务员

pemburu

猎人

pelukis

画家

bakeri

面包师

juruelektrik

电工

pembangun

建筑工人

jurutera

工程师

penjual daging

屠夫

tukang paip

水管工

posmen

邮递员

askar

士兵

arkitek

建筑师

juruwang

收银员

kedai bunga

花农

pendandan rambut

理发师

konduktor

售票员

mekanik

机械师

kapten

船长

doktor gigi

牙医

ahli sains

科学家

tuhanku

拉比

imam

伊玛目

sami

和尚

paderi

牧师

tukul
铁锤

playar
钳子

pemutar skru
螺丝刀

sepana
扳手

obor
手电筒

pengorek

挖掘机

kotak peralatan

工具箱

tangga

梯子

gergaji

锯子

kuku

钉子

gerudi

钻机

baiki

修

penyodok

铲子

Celaka!

靠！

penadah sampah

簸箕

periuk cat

油漆桶

skru

螺丝

alat muzik
乐器

perangkat dram
打击乐器

pembesar suara
扬声器

bass berganda
低音提琴

trompet
小号

gitar
吉他

piano

钢琴

biola

小提琴

bass

贝斯

timpani

定音鼓

dram

鼓

papan kekunci

电子琴

saksofon

萨克斯管

seruling

长笛

mikrofon

麦克风

pintu masuk
入口

harimau
老虎

sangkar
笼子

zebra
斑马

makanan haiwan
动物饲料

panda
熊猫

haiwan

动物

gajah

大象

kanggaru

袋鼠

badak sumbu

犀牛

gorila

大猩猩

beruang

熊

unta

骆驼

burung unta

鸵鸟

singa

狮子

monyet

猴子

flamingo

火烈鸟

nuri

鹦鹉

beruang kutub

北极熊

penguin

企鹅

yu

鲨鱼

merak

孔雀

ular

蛇

buaya

鳄鱼

penjaga zoo

动物园管理员

anjing laut

海豹

jaguar

美洲豹

kuda

矮种马

harimau

豹

badak air

河马

zirafah

长颈鹿

helang

老鹰

babi jantan

野猪

ikan

鱼

penyu

龟

anjing laut

海象

musang

狐狸

rusa

羚羊

bola sepak Amerika
橄榄球

berbasikal
骑自行车

tenis
网球

bola keranjang
篮球

renang
游泳

hoki ais
冰球

tinju
拳击

bola sepak
英式足球

badminton
羽毛球

olahraga
田径

bola baling
手球

ski
滑雪

polo
马球

lompat
跳

ketawa
笑

peluk
拥抱

berjalan
走路

menyanyi
唱

mimpi
做梦

berdoa
祈祷

cium
亲吻

tulis
书写

lukis
画

tunjuk
展示

tolak
推

beri
给

ambil
拿

ada
有

buat
做

ialah
当

berdiri
站

lari
跑

tarik
拉

buang
扔

jatuh
摔倒

tipu
躺

tunggu
等待

bawa
携带

duduk
坐

pakai
穿衣

tidur
睡觉

bangkit
醒来

lihat pada
看

menangis
哭

strok
抚摸

sikat
梳头

cakap
交谈

faham
明白

tanya
问

dengar
听

minum
喝

makan
吃

mengemas
清理

sayang
爱

masak
做饭

pandu
开车

terbang
飞

belayar

航行

kira

计算

baca

读

belajar

学习

kerja

工作

nikah

结婚

jahit

缝

memberus gigi

刷牙

bunuh

杀

asap

抽烟

hantar

寄

nenek
祖母

datuk
祖父

bapa
父亲

ibu
母亲

bayi
婴童

anak perempuan
女儿

anak lelaki
儿子

tetamu

客人

mak cik

阿姨

pak cik

叔叔

abang

兄弟

kakak

姐妹

dahi
前额

mata
眼睛

bahu
肩膀

jari
手指

muka
脸

dagu
下巴

tangan
手

dada
乳房

kaki
腿

lengan
手臂

bayi

婴童

lelaki

男人

wanita

女人

perempuan

女孩

lelaki

男孩

kepala

头

belakang

背部

bawah perut

肚子

pusat

肚脐

jari kaki

脚趾

tumit

脚后跟

tulang

骨头

pinggul

臀部

lutut

膝盖

siku

手肘

hidung

鼻子

bawah

屁股

kulit

皮肤

pipi

脸颊

telinga

耳朵

bibir

嘴唇

mulut

嘴

gigi

牙齿

lidah

舌头

otak

脑

hati

心脏

otot

肌肉

paru-paru

肺

hati

肝脏

perut

胃

buah pinggang

肾脏

seks

性交

kondom

避孕套

faraj

卵子

mani

精子

mengandung

怀孕

haid

月经

faraj

阴道

penis

阴茎

kening

眉毛

rambut

头发

leher

脖子

hospital
医院

ambulans
救护车

kerusi roda
轮椅

patah tulang
骨折

doktor

医生

bilik kecemasan

急诊室

jururawat

护士

kecemasan

紧急情况

tak sedar

昏迷

sakit

痛

kecederaan

受伤

pendarahan

出血

serangan jantung

心脏病发作

strok

中风

alergi

过敏

batuk

咳嗽

demam

发烧

selesema

流感

cirit-birit

腹泻

sakit kepala

头痛

kanser

癌症

diabetes

糖尿病

pakar bedah

外科医生

pisau bedah

手术刀

pembedahan

手术

CT

CT

x-ray

X光

ultrabunyi

超声波

topeng muka

口罩

penyakit

疾病

bilik menunggu

候诊室

penongkat

拐杖

plaster

石膏

pembalut

绷带

suntikan

注射

stetoskop

听诊器

pengusung

担架

termometer klinik

体温计

kelahiran

出生

berat badan berlebihan

超重

alat pendengaran

助听器

disinfektan

消毒液

jangkitan

感染

virus

病毒

HIV / AIDS

艾滋病

perubatan

药物

vaksinasi

接种疫苗

tablet

药片

pil

药丸

panggilan kecemasan

急救电话

pantau tekanan darah

血压计

sakit / sihat

生病/健康

Tolong!

救命！

penggera

警报

serang

突击

serangan

攻击

bahaya

危险

pintu kecemasan

紧急出口

Api!

着火啦！

alat pemadam api

灭火器

kemalangan

意外

alat pertolongan cemas

急救箱

SOS

呼救信号

polis

警察

Eropah

欧洲

Amerika Utara

北美洲

Amerika Selatan

南美洲

Afrika

非洲

Asia

亚洲

Australia

澳洲

Atlantic

大西洋

Pasifik

太平洋

Lautan Hindi

印度洋

Lautan Antartik

南冰洋

Lautan Artik

北冰洋

Kutub utara

北极

Kutub Selatan

南极

Antartika

南极洲

bumi

地球

tanah

陆地

laut

海

pulau

岛

negara

国家

negeri

国家

muka jam

钟面

tangan jam

时针

tangan minit

分针

terpakai

秒针

Jam berapa sekarang

现在几点？

hari

天

masa

时间

sekarang

现在

jam digital

电子表

minit

分

jam

时

Isnin 周一

Rabu 周三

Jumaat 周五

Selasa 周二

Sabtu 周六

Khamis 周四

Ahad 周日

semalam

昨天

hari ini

今天

esok

明天

pagi

早晨

tengah hari

中午

petang

晚上

MO	TU	WE	TH	FR	SA	SU
1	2	3	4	5	6	7
8	9	10	11	12	13	14
15	16	17	18	19	20	21
22	23	24	25	26	27	28
29	30	31	1	2	3	4

hari kerja

工作日

MO	TU	WE	TH	FR	SA	SU
1	2	3	4	5	6	7
8	9	10	11	12	13	14
15	16	17	18	19	20	21
22	23	24	25	26	27	28
29	30	31	1	2	3	4

hari minggu

周末

hujan
雨

pelangi
彩虹

angin
风

salji
雪

musim bunga
春

musim panas
夏

musim luruh
秋

musim salji
冬

ramalan cuaca

天气预报

termometer

温度计

sinar matahari

阳光

awan

云

kabus

雾

lembapan

潮湿

kilat

闪电

petir

打雷

ribut

风暴

hujan batu

冰雹

monsun

季风

banjir

洪水

ais

冰

Januari

一月

Februari

二月

Mac

三月

April

四月

Mei

五月

Jun

六月

Julai

七月

Ogos

八月

September

九月

Oktober

十月

November

十一月

Disember

十二月

bentuk

形状

bulatan

圆形

petak

正方形

segi empat tepat

长方形

segitiga

三角形

sfera

球体

kiub

立方体

putih

白

kuning

黄

oren

橙

merah jambu

粉

merah

红

ungu

紫

biru

蓝

hijau

绿

coklat

棕

kelabu

灰

hitam

黑

banyak / sedikit

很多/少许

marah / tenang

生气/平静

cantik / hodoh

美/丑

bermula / tamat

首/尾

besar kecil

大/小

terang / gelap

明/暗

abang / kakak

兄弟/姐妹

bersih / kotor

干净/肮脏

lengkap / tidak lengkap

完整/缺失

hari / malam

白天/晚上

mati / hidup

死/生

luas / sempit

宽/窄

boleh dimakan / tidak boleh dimakan

可食用/非食用

jahat / baik

邪恶/善良

teruja / bosan

兴奋/无聊

gemuk / kurus

胖/瘦

pertama / terakhir

第一/最后

kawan / musuh

朋友/敌人

penuh / kosong

满/空

keras / lembut

硬/软

berat / ringan

重/轻

lapar / dahaga

饿/渴

sakit / sihat

生病/健康

menyalahi undang-undang / undang-undang

非法/合法

pintar / bodoh

聪明/愚笨

kiri / kanan

左/右

dekat / jauh

近/远

baru / lama

新/旧

tiada / sesuatu

没有/有些

tua / muda

老/幼

hidup / mati

开/关

terbuka / tertutup

打开/合上

diam / bising

安静/吵闹

kaya / miskin

富/穷

betul / salah

对/错

kasar / halus

粗糙/光滑

sedih / gembira

伤心/高兴

pendek / panjang

短/长

lambat / laju

慢/快

basah / kering

湿/干

panas / sejuk

温暖/凉爽

berperang / berdamai

战争/和平

0

sifar

零

1

satu

一

2

dua

二

3

tiga

三

4

empat

四

5

lima

五

6

enam

六

7

tujuh

七

8

lapan

八

9

sembilan

九

10

sepuluh

十

11

sebelas

十一

12

dua belas

十二

13

tiga belas

十三

14

empat belas

十四

15

lima belas

十五

16

enam belas

十六

17

tujuh belas

十七

18

lapan belas

十八

19

Sembilan belas

十九

20

dua puluh

二十

100

ratus

百

1.000

ribu

千

1.000.000

juta

百万

bahasa-bahasa

语言

Bahasa Inggeris

英语

Bahasa Inggeris Amerika

美式英语

Bahasa Cina Mandarin

普通话

Bahasa Hindi

印地语

Bahasa Sepanyol

西班牙语

Bahasa Perancis

法语

Bahasa Arab

阿拉伯语

Bahasa Rusia

俄语

Bahasa Portugis

葡萄牙语

Bahasa Benggali

孟加拉语

Bahasa Jerman

德语

Bahasa Jepun

日语

saya

我

anda

你

dia / dia / ia

他/她/它

kita

我们

anda

你们

mereka

他们

siapa?

谁？

apa?

什么？

bagaimana?

怎样？

di mana?

哪里？

bila?

什么时候？

nama

名字

belakang

后面

dalam

里面

di hadapan

前面

lebih

上方

pada

上面

di bawah

下面

bersebelahan

旁边

antara

中间

tempat

地点